기적이 상식이 되는 말

저자 이경미, 김성한

KB203063

가이오

서언

매일 우리가 하는 말에 대하여 어떤 생각을 가지고 살아가는가? 우리가 하는 말은 내 입에서 나오고 공중으로 사라진다고 생각을 하는가?
그렇지가 않다. 우리가 하는 말은 그냥 사라지는 것이 아니다.

'기적이 상식이 되는 말' 이라는 교재를 이번에 쓰게 되었다. 이 책은 나에게는 기적과 같은 것이다. 내가 어떻게 책을 쓰나? 한 번도 생각하지 못했고, 꿈도 꾸지 못하였다. 그러나 하나님께서는 나에게 말의 능력을 알게 하시고 말의 능력에 대하여 가르치도록 인도하셨다.

그렇게 15년 넘게 하나님께서 우리에게 주신 말의 능력에 대하여 깨닫게 하실 뿐만 아니라 가르치게 하셨다. 그러면서 나는 감사일기를 기록하기 시작하였는데 '일반적인 감사' 3가지와 '먼저 감사' 2가지를 함께 기록했다.

먼저 감사하는 내용 중에 "책을 기록하게 하셔서 많은 사람들이 하나님께서 주신 말의 능력을 더 알게 하심을 감사합니다"라고 감사한 내용이 있었다. 지금 이 책을 기록하면서 그 '먼저 감사'의 응답을 받고 기쁨으로 교재를 쓴다.

우리의 말을 듣고 일하시는 하나님을 신뢰하라!
우리의 말에는 창조적인 능력이 있다. 우리의 말은 단순한 것이 아니다. 우리가 과거에 한 말의 결과가 지금 현실이 되어 나타나고 있는 것이며, 지금 우리가 하는 말들이 미래 우리의 삶이다.
지금 어떠한 상황일지라도 부정적인 원망과 불평의 말을 꿀꺽하라!
그리고 창조적인 말들을 하라!
그 말이 얼마 지나지 않아 열매 맺히리라!

이 교재를 사용하기 전에 먼저 "하나님, 나의 말이 변하기 원합니다"라고 기도하기를 부탁드린다. 그러면 성령님의 인도하심을 따라 우리의 말이 변화하여 삶이 바뀌는 것을 체험할 것이다.

저자 이경미, 김성한

차 례

모임을 시작하기 전에 다짐하기

행복누리 나눔을 시작할 때는 언제나 다짐합니다. - 아멘으로 화답

마음의 장벽을 헐고 진정한 공동체를 이루기 위한 4가지 다짐

❶ 나는 모든 비밀을 지키겠습니다.

❷ 나는 사랑으로 우리 팀원을 섬기겠습니다.

❸ 나는 나와 함께하는 팀원을 위해 기도하며 서로 돕겠습니다.

❹ 나는 불평, 원망하지 않으며 말의 비밀에 따라 하늘 언어의

말을 하겠습니다.

1강 말의 능력과 권세

우리가 쓰고 있는 이 말은 사라지거나 없어지지 않는다. 모든 말에는 파동이 있어서 긍정적이든 부정적이든 영향력을 미치게 되어 있다.

- "화초야! 넌 어쩜 이렇게 예쁘니?"

- 소리는 살아 있다!

- 긍정의 말 → (   ) 파동
  부정의 말 → (   ) 파동

모든 물질에는 고유의 에너지가 있는데 말과 의식, 감정에도 에너지가 있다. 우리가 말을 할 때 일어나는 파동을 언어 파동이라고 한다.

1. "죽고 사는 것이 (   )의 힘에 달렸나니 (   )를 쓰기 좋아하는 자는 (   )를 먹으리라"(잠 18:21).

2. "그들에게 이르기를 여호와의 말씀에 내 삶을 두고 (   )하노라 너희 말이 내 귀에 (   ) 내가 너희에게 행하리니"(민 14:28).

3. "예수께서 그들에게 대답하여 이르시되 하나님을 (   ) 내가 진실로 너희에게 이르노니 누구든지 이 (   )더러 들리어 (   )에 던져지라 하며 (   ) 마음에 의심하지 아니하면 그대로 되리라"(막 11:22-23).

특별한 누군가가 아니라, 누구든지 말의 능력을 알고 사용하는 사람은 그 권세를 누릴 수 있는 것이다.

성공한 사람의 배경에는 (   )을 만들어준 말이 있다.
행복한 사람의 배경에는 (   )을 만들어준 말이 있다.

- 사용하지 않는 권세는 죽은 권세와 같다.

나눔

1. 말의 비밀에는 어떤 것이 있을까요?

(1) 모든 말에는 (   )이 있다.

(2) 모든 말에는 (   )도 있고 (   )도 있다.

(3) 감정에도 (   )이 있다.

(4) 언어 파동은 전자파보다 (   )배 더 강력하다.

(5) 우리의 말에는 (   ) 이상의 놀라운 능력이 있다.

2. 우리의 말은 하나님이 들으신다(민 14:28).

(1) 부정적인 단어들 5가지를 기록해 보세요.

1)

2)

3)

4)

5)

(2) 긍정적인 단어들 5가지를 기록해 보세요.

1)

2)

3)

4)

5)

3. 우리 몸의 (　　　　　)가 물이다.

- 어떤 말을 듣고 하느냐에 따라서 우리의 몸은 달라진다.

4. 말의 권세는 (　　　　　　　　　　　) 있다(막 11:23).

5. 평소에 습관적으로 많이 사용하고 있는 단어들 10가지를 써 보고 그 단어들이 긍정적인지 부정적인지 점검해 보세요.

6. 나의 말을 듣고 계시는 하나님 앞에서 어떤 말들을 심을지 결단하여 기록해 보세요.

(예: 나는! 나의 말을 듣고 계시는 하나님 앞에서 불평하는 말을 끊겠습니다.)

- 나는! 나의 말을 듣고 계시는 하나님 앞에서 (   )
  하는 말을 끊겠습니다.
- 나는! 나의 말을 듣고 계시는 하나님 앞에서 (   )
  하는 말을 끊겠습니다.
- 나는! 나의 말을 듣고 계시는 하나님 앞에서 (   )
  하는 말을 끊겠습니다.

7. 이번 강의에서 깨달은 점과 결단을 기록해 보세요.

1. **한 주간 실행할 매일 점검표를 작성해 보세요.**

   (점검표에 오늘 배운 내용을 전달할 사람의 이름을 기록하고 한 주간 동안 전달해 보세요.)

2. **암송구절**

   잠언 18장 21절

   죽고 사는 것이 혀의 힘에 달렸나니 혀를 쓰기 좋아하는 자는 혀의 열매를 먹으리라

3. **함께 큰 소리로 3번씩 선포하세요.**

   "우리의 말은 기적을 만듭니다!"

4. **하나님의 도우심을 바라보며 통성으로 기도하세요.**

5. **『하하하 호호호』 첫 번째 이야기를 읽고 3주 후 독후감 발표**

#1. 매일 점검 사항

요일	점검 사항	O, ×	이번 주 결단할 내용 기록하기
월	1. 오늘 성경은 몇 장을 읽으셨나요?		
	2. 오늘 말씀 묵상은 하셨나요?		
	3. 오늘 기도 생활은 하셨나요?		
	4. 보혈 기도문을 암송하셨나요?		
	5. 나의 선포를 외치셨나요?		
화	1. 오늘 성경은 몇 장을 읽으셨나요?		
	2. 오늘 말씀 묵상은 하셨나요?		
	3. 오늘 기도 생활은 하셨나요?		
	4. 보혈 기도문을 암송하셨나요?		
	5. 나의 선포를 외치셨나요?		
수	1. 오늘 성경은 몇 장을 읽으셨나요?		
	2. 오늘 말씀 묵상은 하셨나요?		
	3. 오늘 기도 생활은 하셨나요?		
	4. 보혈 기도문을 암송하셨나요?		
	5. 나의 선포를 외치셨나요?		
목	1. 오늘 성경은 몇 장을 읽으셨나요?		
	2. 오늘 말씀 묵상은 하셨나요?		
	3. 오늘 기도 생활은 하셨나요?		
	4. 보혈 기도문을 암송하셨나요?		
	5. 나의 선포를 외치셨나요?		
금	1. 오늘 성경은 몇 장을 읽으셨나요?		
	2. 오늘 말씀 묵상은 하셨나요?		
	3. 오늘 기도 생활은 하셨나요?		
	4. 보혈 기도문을 암송하셨나요?		
	5. 나의 선포를 외치셨나요?		
토	1. 오늘 성경은 몇 장을 읽으셨나요?		
	2. 오늘 말씀 묵상은 하셨나요?		
	3. 오늘 기도 생활은 하셨나요?		
	4. 보혈 기도문을 암송하셨나요?		
	5. 나의 선포를 외치셨나요?		
주일	1. 오늘 성경은 몇 장을 읽으셨나요?		
	2. 오늘 말씀 묵상은 하셨나요?		
	3. 오늘 기도 생활은 하셨나요?		
	4. 보혈 기도문을 암송하셨나요?		
	5. 나의 선포를 외치셨나요?		

#2. 매일 점검표

요일	언어를 들었을 때 주변 사람들의 반응	언어를 사용하였을 때 나의 느낌과 결과
월		
화		
수		
목		
금		
토		
주일		

#3. 매일 감사일기

요일	오늘 감사할 내용 3가지	먼저 감사할 2가지
월		
화		
수		
목		
금		
토		
주일		

2강 죽이는 말, 저주의 말

1. "그들에게 이르기를 여호와의 말씀에 내 삶을 두고 (   )하
노라 너희 (   )이 (   ) 내가 너희에게
행하리니"(민 14:28).

- 불평의 반격

하나님께서는 우리의 말을 통하여 사람을 살리고 세우기를 원하신
다. 이것이 바로 하나님이 우리를 창조하신 목적이다.

- 영적 전쟁 한가운데 서 있는 성도들

사탄은 우리의 비판하며 부정적인 말들을 통하여 가정과 교회를 파
괴시키는 것이 목적이다. 별것 아닌 일들에 부정적인 말들을 쏟아붓
게 하여 가정과 교회를 분열시키는 것이 사탄의 목적이다.

2. "(   ) 자의 말은 별식과 같아서 뱃속 깊은
데로 내려가느니라"(잠 26:22).

3. "우리의 씨름은 (   )과 (   )을 상대하는 것이 아니요
   (   )들과 (   )들과 이 (   )의 세상 주
   관자들과 하늘에 있는 (   )의 영들을 상대함이라"(엡 6:12).

   - ~~카더라 소문

   - 사탄에게 영적인 도장 "쾅"

하나님의 생각은 절대로 부정적이지 않다. 하나님께서 주시는 마음
은 단 한 번도 우리를 우울하거나 두렵게 만들지 않는다.

   - 외모를 가꾸듯이 마음을 가꾸어야 하는 이유

마음에 어떤 생각을 품느냐가 내 입술에서 어떤 말을 할 것인지 결
정한다.

   - 가롯 유다의 허용

   - "꿀꺽"

나눔

* 지난주 암송구절과 매일 점검표를 나누어 보세요.

1. 나의 언어 습관 중에서 삶을 죽이는 말은 어떤 것이 있나요?

   (1)

   (2)

   (3)

2. 죽이는 말, 저주의 말의 능력은 무엇인가요?

   (1) 죽겠다, 죽겠다 말하면 (   )이 생긴다.

   (2) 사탄은 (   )을 통하여 교회와 가정을 파괴시킨다.

   (3) 사탄은 (   )을 알지 못한다.

기적이 상식이 되는 말

3. 우리는 (   ) 상태에 있다.

(1) 사탄에게 영적이고 법적인 효력을 발생시키게 하는 것은 나의

(   )이다.

(2) 긍정적인 말을 할 수 없을 때 (   )해야 한다.

(3) 긍정적인 말을 할 수 없을 때 (   )해야 한다.

(4) 하나님의 생각은 (   ) 않다.

(5) 마귀가 하나님의 사람을 사로잡는 방법은 (   )이다.

(6) 내가 하는 말을 가장 먼저 듣는 사람은 (   )이다.

(7) 말에 대해서 (   ) 자세를 취하라.

4. 하루를 시작할 때 불평함으로 시작해서 어려움을 당한 경험을 기록해 보세요.

5. 언어 습관을 돌아보며 내가 가장 많이 사용하는 부정적인 단어들 10가지를 기록해 보세요.

6. 무시당하는 말이나 오해를 받은 경험을 나누어 보세요.

7. 내가 다른 사람을 향하여 무시하는 말을 한 적이 있다면 나누어 보세요.

8. 이번 강의에서 깨달은 점과 결단을 기록해 보세요.

1. 한 주간 실행할 매일 점검표를 작성해 보세요.

(점검표에 오늘 배운 내용을 전달할 사람의 이름을 기록하고 한 주간 동안 전달해 보세요.)

2. 암송구절

에베소서 6장 12절

우리의 씨름은 혈과 육을 상대하는 것이 아니요 통치자들과 권세들과 이 어둠의 세상 주관자들과 하늘에 있는 악의 영들을 상대함이라

3. 함께 큰 소리로 3번씩 선포하세요.

"우리의 말은 기적을 만듭니다!"

4. 하나님의 도우심을 바라보며 통성으로 기도하세요.

#1. 매일 점검 사항

요일	점검 사항	O, ×	이번 주 결단할 내용 기록하기
월	1. 오늘 성경은 몇 장을 읽으셨나요?		
	2. 오늘 말씀 묵상은 하셨나요?		
	3. 오늘 기도 생활은 하셨나요?		
	4. 보혈 기도문을 암송하셨나요?		
	5. 나의 선포를 외치셨나요?		
화	1. 오늘 성경은 몇 장을 읽으셨나요?		
	2. 오늘 말씀 묵상은 하셨나요?		
	3. 오늘 기도 생활은 하셨나요?		
	4. 보혈 기도문을 암송하셨나요?		
	5. 나의 선포를 외치셨나요?		
수	1. 오늘 성경은 몇 장을 읽으셨나요?		
	2. 오늘 말씀 묵상은 하셨나요?		
	3. 오늘 기도 생활은 하셨나요?		
	4. 보혈 기도문을 암송하셨나요?		
	5. 나의 선포를 외치셨나요?		
목	1. 오늘 성경은 몇 장을 읽으셨나요?		
	2. 오늘 말씀 묵상은 하셨나요?		
	3. 오늘 기도 생활은 하셨나요?		
	4. 보혈 기도문을 암송하셨나요?		
	5. 나의 선포를 외치셨나요?		
금	1. 오늘 성경은 몇 장을 읽으셨나요?		
	2. 오늘 말씀 묵상은 하셨나요?		
	3. 오늘 기도 생활은 하셨나요?		
	4. 보혈 기도문을 암송하셨나요?		
	5. 나의 선포를 외치셨나요?		
토	1. 오늘 성경은 몇 장을 읽으셨나요?		
	2. 오늘 말씀 묵상은 하셨나요?		
	3. 오늘 기도 생활은 하셨나요?		
	4. 보혈 기도문을 암송하셨나요?		
	5. 나의 선포를 외치셨나요?		
주일	1. 오늘 성경은 몇 장을 읽으셨나요?		
	2. 오늘 말씀 묵상은 하셨나요?		
	3. 오늘 기도 생활은 하셨나요?		
	4. 보혈 기도문을 암송하셨나요?		
	5. 나의 선포를 외치셨나요?		

#2. 매일 점검표

요일	언어를 들었을 때 주변 사람들의 반응	언어를 사용하였을 때 나의 느낌과 결과
월		
화		
수		
목		
금		
토		
주일		

#3. 매일 감사일기

요일	오늘 감사할 내용 3가지	먼저 감사할 2가지
월		
화		
수		
목		
금		
토		
주일		

3강 날마다 주님께 감사

오늘 하루도 우리는 수만 마디의 말을 주고받고 있다. 아침에 잠에서 깨면서부터 말을 하기 시작하면 밤에 잠자리에 들 때까지 분명히 많은 말들을 하게 될 것이다. 이 말은 우리와 너무나 가까이 있어서 우리는 이 말의 중요성을 인식하지 못할 때가 더 많이 있다.

- 나와 함께하시는 하나님

지금 이곳에 하나님이 계신다. 그분은 계시지 않는 곳이 없다.

- 하루 몇 가지의 생각?

주님의 마음으로 말한다면 사랑하는 사람들에게 말로 상처를 주고 후회하는 일도, 실수한 말 때문에 밤새 고민하는 일도, 완전히 사라지지는 않겠지만 줄어들 수는 있을 것이다.

< 감사일기를 매일 쓰는 사람의 특징 >

1.

2.

3.

4.

5.

6.

- 21일의 기적

나눔

* 지난주 암송구절과 매일 점검표를 나누어 보세요.

1. 사람이 하루에 생각하는 것은 몇 가지일까요?

   (1) 약 (   ) 가지

   (2) 생각하는 90%가 (   )이다.

   (3) 생각 → (   ) → 행동 → 습관 → (   )

2. 감사일기는 (   )에서 벗어나는 지름길이다.

3. 감사일기의 장점을 4가지만 기록해 보세요.

   (1)

   (2)

   (3)

   (4)

4. 감사일기를 습관화시키기 위해서는 최소 (   ) 동안 지속
   적으로 써야 한다.

5. 감사 제목 5가지를 기록해 보세요.

   (감사는 구체적으로 해야 한다.)

   (1)

   (2)

   (3)

   (4)

   (5)

6. 먼저 감사 제목을 찾아서 2가지만 기록해 보세요.

(예: 아직 이루어지지 않은 기도 제목, 걱정, 근심 등)

(1)

(2)

7. 조별로 감사일기방(카톡 단체 채팅방) 만들기

(감사일기 단체 채팅방은 행복누리언어학교가 끝날 때까지 유지하며 매

일 감사일기를 올려야 한다.)

기적이 상식이 되는 말

8. 이번 강의에서 깨달은 점과 결단을 기록해 보세요.

1. **한 주간 실행할 매일 점검표를 작성해 보세요.**

   (점검표에 오늘 배운 내용을 전달할 사람의 이름을 기록하고 한 주간 동안 전달해 보세요.)

2. **암송구절**

   잠언 4장 23절

   모든 지킬 만한 것 중에 더욱 네 마음을 지키라 생명의 근원이 이에서 남이니라

3. **함께 큰 소리로 3번씩 선포하세요.**

   "우리의 말은 기적을 만듭니다!"

4. **하나님의 도우심을 바라보며 통성으로 기도하세요.**

#1. 매일 점검 사항

요일	점검 사항	○, ×	이번 주 결단할 내용 기록하기
월	1. 오늘 성경은 몇 장을 읽으셨나요?		
	2. 오늘 말씀 묵상은 하셨나요?		
	3. 오늘 기도 생활은 하셨나요?		
	4. 보혈 기도문을 암송하셨나요?		
	5. 나의 선포를 외치셨나요?		
화	1. 오늘 성경은 몇 장을 읽으셨나요?		
	2. 오늘 말씀 묵상은 하셨나요?		
	3. 오늘 기도 생활은 하셨나요?		
	4. 보혈 기도문을 암송하셨나요?		
	5. 나의 선포를 외치셨나요?		
수	1. 오늘 성경은 몇 장을 읽으셨나요?		
	2. 오늘 말씀 묵상은 하셨나요?		
	3. 오늘 기도 생활은 하셨나요?		
	4. 보혈 기도문을 암송하셨나요?		
	5. 나의 선포를 외치셨나요?		
목	1. 오늘 성경은 몇 장을 읽으셨나요?		
	2. 오늘 말씀 묵상은 하셨나요?		
	3. 오늘 기도 생활은 하셨나요?		
	4. 보혈 기도문을 암송하셨나요?		
	5. 나의 선포를 외치셨나요?		
금	1. 오늘 성경은 몇 장을 읽으셨나요?		
	2. 오늘 말씀 묵상은 하셨나요?		
	3. 오늘 기도 생활은 하셨나요?		
	4. 보혈 기도문을 암송하셨나요?		
	5. 나의 선포를 외치셨나요?		
토	1. 오늘 성경은 몇 장을 읽으셨나요?		
	2. 오늘 말씀 묵상은 하셨나요?		
	3. 오늘 기도 생활은 하셨나요?		
	4. 보혈 기도문을 암송하셨나요?		
	5. 나의 선포를 외치셨나요?		
주일	1. 오늘 성경은 몇 장을 읽으셨나요?		
	2. 오늘 말씀 묵상은 하셨나요?		
	3. 오늘 기도 생활은 하셨나요?		
	4. 보혈 기도문을 암송하셨나요?		
	5. 나의 선포를 외치셨나요?		

#2. 매일 점검표

요일	언어를 들었을 때 주변 사람들의 반응	언어를 사용하였을 때 나의 느낌과 결과
월		
화		
수		
목		
금		
토		
주일		

#3. 매일 감사일기

요일	오늘 감사할 내용 3가지	먼저 감사할 2가지
월		
화		
수		
목		
금		
토		
주일		

4강 내가 하는 말은 내 몸의 건강 지킴이

우리의 말은 우리의 몸에 분명한 영향을 미친다. 나의 긍정적인 말 한마디가 나와 가족을 살릴 수 있다.

- "엄마, 너무 예뻐. 사랑해!"

- "심장이 잘 들립니다."

"죽고 사는 것이 (   )의 힘에 달렸나니 (   )를 쓰기 좋아하는 자는 (   )의 (   )를 먹으리라"(잠 18:21).

내가 뱉는 한마디의 말은 우리 신체의 신경조직을 죽이기도 하고 살리기도 한다. 죽겠다, 죽겠다 말하면 정말로 죽을 일이 생기고, 살겠다, 살겠다 말하면 세포와 신경이 살아날 준비를 하는 것이다.

- 죽을 일이 생긴 말

부정적인 말은 부정적으로, 긍정적인 말은 긍정적으로 나의 육체와 환경에 영향을 미치는 것이다. 우리가 하는 말은 나의 행동을 지배한다.

우리 몸의 (   )%가 물로 되어 있다.
태어날 때는 (   )%, 성인이 되면 (   )%, 죽을 때가 되면 (   )%

나눔

* 지난주 암송구절과 매일 점검표를 나누어 보세요.

1. 오링 테스트(죽겠다, 살겠다)

2. 나의 몸에 영향을 미치는 말

(1) 나의 말은 (   )과 (   )에 영향을 미친다.

(2) 나의 말은 (   )을 지배한다.

(3) 나의 말은 (   )과 (   )에 영향을 미친다.

3. 함께 큰 소리로 3번씩 선포하세요.

(1) 나는 예수 안에서 건강하다!

(2) 나는 예수 안에서 행복하다!

(3) 나는 예수 안에서 형통하다!

4. 신체의 아픈 곳을 찾아서 칭찬의 말을 해 보세요.

(1)

(2)

(3)

5. 이번 강의에서 깨달은 점과 결단을 기록해 보세요.

1. **한 주간 실행할 매일 점검표를 작성해 보세요.**

    (점검표에 오늘 배운 내용을 전달할 사람의 이름을 기록하고 한 주간 동안 전달해 보세요.)

2. **암송구절**

    베드로전서 2장 24절

    친히 나무에 달려 그 몸으로 우리 죄를 담당하셨으니 이는 우리로 죄에 대하여 죽고 의에 대하여 살게 하려 하심이라 그가 채찍에 맞음으로 너희는 나음을 얻었나니

3. **함께 큰 소리로 3번씩 선포하세요.**

    "우리의 말은 기적을 만듭니다!"

4. **하나님의 도우심을 바라보며 통성으로 기도하세요.**

#1. 매일 점검 사항

요일	점검 사항	○, ×	이번 주 결단할 내용 기록하기
월	1. 오늘 성경은 몇 장을 읽으셨나요?		
	2. 오늘 말씀 묵상은 하셨나요?		
	3. 오늘 기도 생활은 하셨나요?		
	4. 보혈 기도문을 암송하셨나요?		
	5. 나의 선포를 외치셨나요?		
화	1. 오늘 성경은 몇 장을 읽으셨나요?		
	2. 오늘 말씀 묵상은 하셨나요?		
	3. 오늘 기도 생활은 하셨나요?		
	4. 보혈 기도문을 암송하셨나요?		
	5. 나의 선포를 외치셨나요?		
수	1. 오늘 성경은 몇 장을 읽으셨나요?		
	2. 오늘 말씀 묵상은 하셨나요?		
	3. 오늘 기도 생활은 하셨나요?		
	4. 보혈 기도문을 암송하셨나요?		
	5. 나의 선포를 외치셨나요?		
목	1. 오늘 성경은 몇 장을 읽으셨나요?		
	2. 오늘 말씀 묵상은 하셨나요?		
	3. 오늘 기도 생활은 하셨나요?		
	4. 보혈 기도문을 암송하셨나요?		
	5. 나의 선포를 외치셨나요?		
금	1. 오늘 성경은 몇 장을 읽으셨나요?		
	2. 오늘 말씀 묵상은 하셨나요?		
	3. 오늘 기도 생활은 하셨나요?		
	4. 보혈 기도문을 암송하셨나요?		
	5. 나의 선포를 외치셨나요?		
토	1. 오늘 성경은 몇 장을 읽으셨나요?		
	2. 오늘 말씀 묵상은 하셨나요?		
	3. 오늘 기도 생활은 하셨나요?		
	4. 보혈 기도문을 암송하셨나요?		
	5. 나의 선포를 외치셨나요?		
주일	1. 오늘 성경은 몇 장을 읽으셨나요?		
	2. 오늘 말씀 묵상은 하셨나요?		
	3. 오늘 기도 생활은 하셨나요?		
	4. 보혈 기도문을 암송하셨나요?		
	5. 나의 선포를 외치셨나요?		

#2. 매일 점검표

요일	언어를 들었을 때 주변 사람들의 반응	언어를 사용하였을 때 나의 느낌과 결과
월		
화		
수		
목		
금		
토		
주일		

#3. 매일 감사일기

요일	오늘 감사할 내용 3가지	먼저 감사할 2가지
월		
화		
수		
목		
금		
토		
주일		

5강 칭찬하는 말

칭찬의 말은 긍정적인 자아상을 만드는 말이다.

- 권위적인 아버지

- 칭찬의 방

- 칭찬은 이렇게

1. "도가니로 (   )을, 풀무로 (   )을, (   )으로 사람을 단련하느니라"(잠 27:21).

   보석의 원석에도 많은 불순물이 있는데 그 불순물을 제거해야 비로소 찬란한 보석이 되듯이 우리 속에도 여러 가지의 불순물들이 있다. 많은 사람들이 그 불순물을 제거하는 말이 '비판' 이라고 생각한다.

   - 말에 반응하는 뇌

- 학업의 성취도를 높이는 말

칭찬을 안 하면 안 하는 습관이 생기며, 칭찬하면 칭찬받고 지적하면
지적받는다.

- "다다다다다다 ……"

- 삼겹살을 참 잘 구웠구나!

칭찬하는 말은 사람을 세우는 말이다. 부정적인 과거를 회복하는 말
이 되는 것이다.
칭찬하는 말은 그 사람이 없을 때 더 하는 것이다.
칭찬하는 말은 구체적으로 하는 것이다.

2. "물에 비치면 (   )이 서로 같은 것 같이 사람의 (   )도
서로 비치느니라"(잠 27:19).

칭찬하는 말은 진심으로 하는 것이다.

나눔

* 지난주 암송구절과 매일 점검표를 나누어 보세요.

1. 칭찬하는 말에 어떤 기능이 있는지 기록해 보세요.

(1) 칭찬하는 말은 부정적인 자아상을 (   )으로 만드는 말이다.

(2) 칭찬하는 말은 사람들 속에 있는 (   )을 제거하는 말이다.

(3) 칭찬하는 말은 사람을 (   ) 말이다.

(4) 칭찬하는 말은 (   ) 같은 사람으로 만드는 말이다.

(5) 칭찬하는 말은 사람을 (   )시키는 말이다.

2. 칭찬하는 말은 이렇게 하세요.

(1) 칭찬하는 말은 (   ) 하세요.

(2) 칭찬하는 말은 (   ) 하세요.

(3) 칭찬하는 말은 (   ) 하세요.

(4) 칭찬하는 말은 (   ) 하세요.

(5) 칭찬하는 말은 (   ) 하세요.

기적이 상식이 되는 말

3. 조별로 돌아가며 한 사람에게 한 가지씩 칭찬의 말을 기록해 보
세요.

(1)

(2)

(3)

4. 칭찬의 말을 들었을 때 마음이 어떠했는지 기록해 보세요.

5. 셀프 칭찬, 쓰담쓰담!

(1) (   )야

(2) (   )야

(3) (   )야

6. 한 주간 동안 가족이나 공동체에 속한 사람에게 하루 3가지씩 칭찬의 말을 해 주세요. (칭찬거리를 미리 작성)

칭찬 릴레이 표				
성명		나이		관계, 직분
1				
2				
3				

칭찬 릴레이 표				
성명		나이		관계, 직분
1				
2				
3				

칭찬 릴레이 표				
성명		나이		관계, 직분
1				
2				
3				

칭찬 릴레이 표				
성명		나이		관계, 직분
1				
2				
3				

7. 이번 강의에서 깨달은 점과 결단을 기록해 보세요.

1. **한 주간 실행할 매일 점검표를 작성해 보세요.**

   (점검표에 오늘 배운 내용을 전달할 사람의 이름을 기록하고 한 주간 동안 전달해 보세요.)

2. **암송구절**

   잠언 27장 21절

   도가니로 은을, 풀무로 금을, 칭찬으로 사람을 단련하느니라

3. **함께 큰 소리로 3번씩 선포하세요.**

   "우리의 말은 기적을 만듭니다!"

4. **하나님의 도우심을 바라보며 통성으로 기도하세요.**

#1. 매일 점검 사항

요일	점검 사항	O, ×	이번 주 결단할 내용 기록하기
월	1. 오늘 성경은 몇 장을 읽으셨나요?		
	2. 오늘 말씀 묵상은 하셨나요?		
	3. 오늘 기도 생활은 하셨나요?		
	4. 보혈 기도문을 암송하셨나요?		
	5. 나의 선포를 외치셨나요?		
화	1. 오늘 성경은 몇 장을 읽으셨나요?		
	2. 오늘 말씀 묵상은 하셨나요?		
	3. 오늘 기도 생활은 하셨나요?		
	4. 보혈 기도문을 암송하셨나요?		
	5. 나의 선포를 외치셨나요?		
수	1. 오늘 성경은 몇 장을 읽으셨나요?		
	2. 오늘 말씀 묵상은 하셨나요?		
	3. 오늘 기도 생활은 하셨나요?		
	4. 보혈 기도문을 암송하셨나요?		
	5. 나의 선포를 외치셨나요?		
목	1. 오늘 성경은 몇 장을 읽으셨나요?		
	2. 오늘 말씀 묵상은 하셨나요?		
	3. 오늘 기도 생활은 하셨나요?		
	4. 보혈 기도문을 암송하셨나요?		
	5. 나의 선포를 외치셨나요?		
금	1. 오늘 성경은 몇 장을 읽으셨나요?		
	2. 오늘 말씀 묵상은 하셨나요?		
	3. 오늘 기도 생활은 하셨나요?		
	4. 보혈 기도문을 암송하셨나요?		
	5. 나의 선포를 외치셨나요?		
토	1. 오늘 성경은 몇 장을 읽으셨나요?		
	2. 오늘 말씀 묵상은 하셨나요?		
	3. 오늘 기도 생활은 하셨나요?		
	4. 보혈 기도문을 암송하셨나요?		
	5. 나의 선포를 외치셨나요?		
주일	1. 오늘 성경은 몇 장을 읽으셨나요?		
	2. 오늘 말씀 묵상은 하셨나요?		
	3. 오늘 기도 생활은 하셨나요?		
	4. 보혈 기도문을 암송하셨나요?		
	5. 나의 선포를 외치셨나요?		

#2. 매일 점검표

요일	언어를 들었을 때 주변 사람들의 반응	언어를 사용하였을 때 나의 느낌과 결과
월		
화		
수		
목		
금		
토		
주일		

#3. 매일 감사일기

요일	오늘 감사할 내용 3가지	먼저 감사할 2가지
월		
화		
수		
목		
금		
토		
주일		

6강 세워주고 인정하는 말

세워주고 인정하는 말이 우리 속에 채워지지 않을 때, 정서적인 허기를 느끼게 된다. 그 정서적인 허기는 돈으로도, 맛있는 것으로도 채워질 수 없는 것이다. 오직 마음의 정서적 허기를 채울 수 있는 것은 세워주는 말과 인정하는 말이다.

- 상처받은 말 1위는 무엇인가?

- 짝지야, 사랑해.

- 깎아내리는 말 멈춰!!!

기적이 상식이 되는 말

세워주며 인정하는 말은 우리의 자아상을 만든다.

- 공개적인 비난

- 위기를 극복한 말

나눔

* 지난주 암송구절과 매일 점검표를 나누어 보세요.

1. **세워주고 인정하는 말의 기능**

   (1) 세워주고 인정하는 말이란 (   )을 만드는 말이다.

   (2) 세워주고 인정하는 말이란 (   ) 말

   해주는 말이다.

   (3) 세워주고 인정하는 말이란 (   )라는 메시

   지를 담은 말이다.

   (4) 세워주고 인정하는 말이란 그 사람의 (   )와

   (   )을 알아주는 말이다.

   (5) 세워주고 인정하는 말이란 (   )을 세워주는 말이다.

   (6) 세워주고 인정하는 말이란 사람의 마음을 (   ) 비결이다.

2. **나의 상대관계 (   )은 누구인가요?**

3. 나의 상대관계 (   )에게 듣고 싶은 말을 기록해 보세요.

(인정받고 싶은 말)

4, 모임에서 짝을 지어서 손을 잡고 서로 간에 세워주고 인정하는 말을 나누어 보세요.

(주의사항: 눈을 바라보며 진심으로 해야 한다.)

"당신은 소중한 사람입니다."

"당신은 존귀한 사람입니다."

"당신은 최고예요."

"역시 당신은 대단하세요."

5. 가족이나 가까이 있는 사람에게 한 주간 동안 "당신은 소중한 사람입니다"라는 메시지를 담은 행동을 수행하세요.

(예: 자녀나 남편이 아침에 나갈 때 보이지 않을 때까지 손 흔들어주기, 기다렸다 함께 식사하기, 맛있는 음식을 미리 덜어놓기 등)

누구에게		관계	
어떻게			

누구에게		관계	
어떻게			

누구에게		관계	
어떻게			

누구에게		관계	
어떻게			

6. 이번 강의에서 깨달은 점과 결단을 기록해 보세요.

1. **한 주간 실행할 매일 점검표를 작성해 보세요.**

   (점검표에 오늘 배운 내용을 전달할 사람의 이름을 기록하고 한 주간 동안 전달해 보세요.)

2. **암송구절**

   요한복음 1장 12절

   영접하는 자 곧 그 이름을 믿는 자들에게는 하나님의 자녀가 되는 권세를 주셨으니

3. **함께 큰 소리로 3번씩 선포하세요.**

   "우리의 말은 기적을 만듭니다!"

4. **하나님의 도우심을 바라보며 통성으로 기도하세요.**

#1. 매일 점검 사항

요일	점검 사항	○, ×	이번 주 결단할 내용 기록하기
월	1. 오늘 성경은 몇 장을 읽으셨나요?		
	2. 오늘 말씀 묵상은 하셨나요?		
	3. 오늘 기도 생활은 하셨나요?		
	4. 보혈 기도문을 암송하셨나요?		
	5. 나의 선포를 외치셨나요?		
화	1. 오늘 성경은 몇 장을 읽으셨나요?		
	2. 오늘 말씀 묵상은 하셨나요?		
	3. 오늘 기도 생활은 하셨나요?		
	4. 보혈 기도문을 암송하셨나요?		
	5. 나의 선포를 외치셨나요?		
수	1. 오늘 성경은 몇 장을 읽으셨나요?		
	2. 오늘 말씀 묵상은 하셨나요?		
	3. 오늘 기도 생활은 하셨나요?		
	4. 보혈 기도문을 암송하셨나요?		
	5. 나의 선포를 외치셨나요?		
목	1. 오늘 성경은 몇 장을 읽으셨나요?		
	2. 오늘 말씀 묵상은 하셨나요?		
	3. 오늘 기도 생활은 하셨나요?		
	4. 보혈 기도문을 암송하셨나요?		
	5. 나의 선포를 외치셨나요?		
금	1. 오늘 성경은 몇 장을 읽으셨나요?		
	2. 오늘 말씀 묵상은 하셨나요?		
	3. 오늘 기도 생활은 하셨나요?		
	4. 보혈 기도문을 암송하셨나요?		
	5. 나의 선포를 외치셨나요?		
토	1. 오늘 성경은 몇 장을 읽으셨나요?		
	2. 오늘 말씀 묵상은 하셨나요?		
	3. 오늘 기도 생활은 하셨나요?		
	4. 보혈 기도문을 암송하셨나요?		
	5. 나의 선포를 외치셨나요?		
주일	1. 오늘 성경은 몇 장을 읽으셨나요?		
	2. 오늘 말씀 묵상은 하셨나요?		
	3. 오늘 기도 생활은 하셨나요?		
	4. 보혈 기도문을 암송하셨나요?		
	5. 나의 선포를 외치셨나요?		

#2. 매일 점검표

요일	언어를 들었을 때 주변 사람들의 반응	언어를 사용하였을 때 나의 느낌과 결과
월		
화		
수		
목		
금		
토		
주일		

#3. 매일 감사일기

요일	오늘 감사할 내용 3가지	먼저 감사할 2가지
월		
화		
수		
목		
금		
토		
주일		

7강 격려하는 말

예수님은 우리에게, 예수님이 승리하신 것을 보면서 좌절과 낙심이 아니라 승리를 외치라고 말씀하신다. 오늘도 예수님께서는 낙심의 현장, 부정적인 현장에서 '내가 이겼으니 너도 일어나서 여호와의 빛을 발하라'고 말씀하신다. 오늘도 우리와 함께 계심으로 일으키시고 격려하신다. 사람은 누구나 어려운 상황에서 일어날 수 있는 격려의 말이 필요하다.

- 교사의 말 한마디

- 음치가 절대 음감으로

격려하는 말은 믿어주는 말이다.
격려하는 말은 그 사람의 편이 되고 힘이 되어주는 말이다.

- 악플의 밤

- 독한 혀들의 전쟁

기적이 상식이 되는 말

- 돌직구

비판과 비방하는 말은 하나님의 것이 아니다. 비판과 비방하는 부정적인 말로 사람을 세울 수 없다. 비판하는 말보다는 격려와 세워주는 말로, 또 다른 사람들의 편이 되어주는 말 한마디가 한 사람을 살리고 세울 수 있다.

- 하트 투 하트

- 나 좀 살려주세요.

격려하는 말이란, 그 사람의 마음을 알아주며 함께 공감해주는 말이다.

- 하나님, 망쳤어요.

* 지난주 암송구절과 매일 점검표를 나누어 보세요.

1. 격려하는 말의 기능

(1) 격려하는 말이란 (   ) 말이다.

(2) 격려하는 말이란 (   )이 되고 (   )이 되어주는
말이다.

(3) 격려하는 말이란 (   )을 세워주는 말이다.

(4) 격려하는 말이란 (   ) 해주는 말이다.

(5) 격려하는 말이란 (   )를 알아주는 말이다.

2. 지금 듣고 싶은 격려의 말은 무엇인가요?

(예: 나의 수고를 알아주는 말)

3. 지금까지 살아오면서 격려의 말을 해준 경험이나 격려의 말을 들은 경험을 나누어 보세요.

(1) 격려의 말을 해준 경험

(2) 격려의 말을 들은 경험

**4. 둥글게 모여 앉아서 한 사람씩 돌아가면서 격려의 말을 기록한 후
나누어 보세요.** (예: 수고를 알아주며, 믿어주며, 체면을 세워주는 말...)

(1)

(2)

(3)

(4)

(5)

5. 누군가에게 비난, 비판, 판단을 받은 경험이 있다면 나누어 보세요.

6. 가족이나 가까이 있는 사람에게 한 주간 동안 구체적인 격려의 말을 사용해 보세요. 한 주간 과제를 누구에게 어떻게 수행할 것인지 미리 계획을 기록해 보세요.

누구에게		관계	
어떻게			

누구에게		관계	
어떻게			

누구에게		관계	
어떻게			

누구에게		관계	
어떻게			

누구에게		관계	
어떻게			

기적이 상식이 되는 말

7. 이번 강의에서 깨달은 점과 결단을 기록해 보세요.

1. **한 주간 실행할 매일 점검표를 작성해 보세요.**

   (점검표에 오늘 배운 내용을 전달할 사람의 이름을 기록하고 한 주간 동안 전달해 보세요.)

2. **암송구절**

   열왕기상 19장 7절

   여호와의 천사가 또 다시 와서 어루만지며 이르되 일어나 먹으라 네가 갈 길을 다 가지 못할까 하노라 하는지라

3. **함께 큰 소리로 3번씩 선포하세요.**

   "우리의 말은 기적을 만듭니다!"

4. **하나님의 도우심을 바라보며 통성으로 기도하세요.**

#1. 매일 점검 사항

요일	점검 사항	O, ×	이번 주 결단할 내용 기록하기
월	1. 오늘 성경은 몇 장을 읽으셨나요?		
	2. 오늘 말씀 묵상은 하셨나요?		
	3. 오늘 기도 생활은 하셨나요?		
	4. 보혈 기도문을 암송하셨나요?		
	5. 나의 선포를 외치셨나요?		
화	1. 오늘 성경은 몇 장을 읽으셨나요?		
	2. 오늘 말씀 묵상은 하셨나요?		
	3. 오늘 기도 생활은 하셨나요?		
	4. 보혈 기도문을 암송하셨나요?		
	5. 나의 선포를 외치셨나요?		
수	1. 오늘 성경은 몇 장을 읽으셨나요?		
	2. 오늘 말씀 묵상은 하셨나요?		
	3. 오늘 기도 생활은 하셨나요?		
	4. 보혈 기도문을 암송하셨나요?		
	5. 나의 선포를 외치셨나요?		
목	1. 오늘 성경은 몇 장을 읽으셨나요?		
	2. 오늘 말씀 묵상은 하셨나요?		
	3. 오늘 기도 생활은 하셨나요?		
	4. 보혈 기도문을 암송하셨나요?		
	5. 나의 선포를 외치셨나요?		
금	1. 오늘 성경은 몇 장을 읽으셨나요?		
	2. 오늘 말씀 묵상은 하셨나요?		
	3. 오늘 기도 생활은 하셨나요?		
	4. 보혈 기도문을 암송하셨나요?		
	5. 나의 선포를 외치셨나요?		
토	1. 오늘 성경은 몇 장을 읽으셨나요?		
	2. 오늘 말씀 묵상은 하셨나요?		
	3. 오늘 기도 생활은 하셨나요?		
	4. 보혈 기도문을 암송하셨나요?		
	5. 나의 선포를 외치셨나요?		
주일	1. 오늘 성경은 몇 장을 읽으셨나요?		
	2. 오늘 말씀 묵상은 하셨나요?		
	3. 오늘 기도 생활은 하셨나요?		
	4. 보혈 기도문을 암송하셨나요?		
	5. 나의 선포를 외치셨나요?		

#2. 매일 점검표

요일	언어를 들었을 때 주변 사람들의 반응	언어를 사용하였을 때 나의 느낌과 결과
월		
화		
수		
목		
금		
토		
주일		

#3. 매일 감사일기

요일	오늘 감사할 내용 3가지	먼저 감사할 2가지
월		
화		
수		
목		
금		
토		
주일		

8강 감사하는 말의 능력

'엄마', '아빠'라는 말 다음으로 자녀에게 가르치는 말이 바로 '감사합니다'라는 말이다. 왜 많은 말들 중에서 '감사합니다'라는 말부터 가르치는 걸까? 감사에는 우리가 알지 못하는 어떤 비밀이 있는 걸까?

- 100만 번 감사

- '감사합니다'의 기적

- SQ

"감사합니다"라고 자주 말할수록 우리의 행복지수는 높아진다. 영적으로 건강한 사람이 감사지수가 높다.

- 사람을 살리는 말 '감사'

감사하는 말은, 부정적인 사람을 긍정적인 사람으로 회복시키는 말이다. 이 감사의 말 한마디가 우리의 가정과 공동체를 살리게 될 것이다.

- 형통을 부르는 말

진정한 감사는 '그리 아니하실지라도 감사'하는 것이다. 우리가 감사할 수 없는 상황일지라도 오히려 감사할 때 하나님께서는 우리 삶 가운데 기적을 만나게 하신다.

- "얘들아, 교회 한번 오렴."

감사하는 말은 환경을 바꾸는 말이다. 감사하는 말은 사람의 마음을 바꾸는 말이다. 감사하는 말은 하나님의 기적을 상식으로 만드는 말이다.

나눔

* 지난주 암송구절과 매일 점검표를 나누어 보세요.

1. 감사하는 말의 기능

(1) 감사하는 말은 (   )이 상식이 되게 하는 말이다.

(2) 감사하는 말은 (   )의 말이다.

(3) 감사하는 말은 (   )이다.

(4) 감사하는 말은 (   )으로 만드는 말이다.

(5) 감사하는 말은 (   )을 지키는 말이다.

(6) 감사하는 말은 (   )을 변화시키는 말이다.

(7) 감사하는 말은 (   )을 바꾸는 말이다.

2. 영적으로 건강한 사람일수록 (   )가 높다.

3. 어떻게 감사해야 할까요?

(   )해서 (   )한 것이 아니라 (   )했더니

(   )할 일이 생긴다.

기적이 상식이 되는 말

4. 하나님 앞에서 감사 제목을 찾아서 기록해 보세요.

   (1)

   (2)

   (3)

5. '그리 아니하실지라도 감사' 제목을 기록해 보세요.

   (1)

   (2)

   (3)

6. 팀원들을 향한 감사 제목으로 서로에게 감사를 기록하고 나누어 보세요.

7. 이번 강의에서 깨달은 점과 결단을 기록해 보세요.

1. **한 주간 실행할 매일 점검표를 작성해 보세요.**

   (점검표에 오늘 배운 내용을 전달할 사람의 이름을 기록하고 한 주간 동안 전달해 보세요.)

2. **매일 100가지 감사를 선포하세요.**

3. **암송구절**

   시편 50편 23절

   감사로 제사를 드리는 자가 나를 영화롭게 하나니 그의 행위를 옳게 하는 자에게 내가 하나님의 구원을 보이리라

4. **함께 큰 소리로 3번씩 선포하세요.**

   "우리의 말은 기적을 만듭니다!"

5. **하나님의 도우심을 바라보며 통성으로 기도하세요.**

6. **『하하하 호호호』 두 번째 이야기를 읽고 3주 후 독후감 발표**

#1. 매일 점검 사항

요일	점검 사항	O, ×	이번 주 결단할 내용 기록하기
월	1. 오늘 성경은 몇 장을 읽으셨나요?		
	2. 오늘 말씀 묵상은 하셨나요?		
	3. 오늘 기도 생활은 하셨나요?		
	4. 보혈 기도문을 암송하셨나요?		
	5. 나의 선포를 외치셨나요?		
화	1. 오늘 성경은 몇 장을 읽으셨나요?		
	2. 오늘 말씀 묵상은 하셨나요?		
	3. 오늘 기도 생활은 하셨나요?		
	4. 보혈 기도문을 암송하셨나요?		
	5. 나의 선포를 외치셨나요?		
수	1. 오늘 성경은 몇 장을 읽으셨나요?		
	2. 오늘 말씀 묵상은 하셨나요?		
	3. 오늘 기도 생활은 하셨나요?		
	4. 보혈 기도문을 암송하셨나요?		
	5. 나의 선포를 외치셨나요?		
목	1. 오늘 성경은 몇 장을 읽으셨나요?		
	2. 오늘 말씀 묵상은 하셨나요?		
	3. 오늘 기도 생활은 하셨나요?		
	4. 보혈 기도문을 암송하셨나요?		
	5. 나의 선포를 외치셨나요?		
금	1. 오늘 성경은 몇 장을 읽으셨나요?		
	2. 오늘 말씀 묵상은 하셨나요?		
	3. 오늘 기도 생활은 하셨나요?		
	4. 보혈 기도문을 암송하셨나요?		
	5. 나의 선포를 외치셨나요?		
토	1. 오늘 성경은 몇 장을 읽으셨나요?		
	2. 오늘 말씀 묵상은 하셨나요?		
	3. 오늘 기도 생활은 하셨나요?		
	4. 보혈 기도문을 암송하셨나요?		
	5. 나의 선포를 외치셨나요?		
주일	1. 오늘 성경은 몇 장을 읽으셨나요?		
	2. 오늘 말씀 묵상은 하셨나요?		
	3. 오늘 기도 생활은 하셨나요?		
	4. 보혈 기도문을 암송하셨나요?		
	5. 나의 선포를 외치셨나요?		

#2. 매일 점검표

요일	언어를 들었을 때 주변 사람들의 반응	언어를 사용하였을 때 나의 느낌과 결과
월		
화		
수		
목		
금		
토		
주일		

#3. 매일 감사일기

요일	오늘 감사할 내용 3가지	먼저 감사할 2가지
월		
화		
수		
목		
금		
토		
주일		

9강 넘치는 감사

감사하는 말은 상처를 치유하는 말이다.

- 생로병사의 비밀

- 군대에서 제대한 아들

감사하는 말은 부정적 사고에서 빠져 나오는 말이다.

기적이 상식이 되는 말

- 침상에 누워 있는 아들을 향한 100가지 감사

- 기적의 습관

감사하는 말을 할 때, 기쁨과 생기가 솟아나고,
감사하는 말을 할 때, 우울증이 사라지며,
감사하는 말을 할 때, 고통과 분노가 사라지고,
감사하는 말을 할 때, 능력이 나타나며,
감사하는 말을 할 때, 더 많은 감사의 조건들이 생겨난다.
모든 염려와 걱정과 의심과 불안한 것보다 더 강력한 힘이
"주님, 감사합니다"라는 말이다.

나눔

* 지난주 암송구절과 매일 점검표를 나누어 보세요.

1. 시편 136편을 읽은 후 26가지 감사를 기록해 보세요.

(조별로 한 사람씩 나누어 보세요.)

1	
2	
3	
4	
5	
6	
7	
8	
9	
10	
11	
12	
13	
14	
15	
16	
17	
18	
19	
20	
21	
22	
23	
24	
25	
26	

기적이 상식이 되는 말

2. 감사하는 말의 능력

    (1) 감사하는 말은 (　　　　　　　　　)에서 빠져나오는 말이다.

    (2) 감사하는 말은 (　　　　　)을 치유하는 말이다.

3. 지난 한 주 동안 매일 100가지 감사를 선포한 후 달라진 환경, 마음에 대해 나누어 보세요.

4. 한 주간 동안 100가지 감사를 기록하고 다음 주에 나누어 보세요.

    (대상: 남편, 아내, 자녀, 목사님......)

5. 이번 강의에서 깨달은 점과 결단을 기록해 보세요.

1. **한 주간 실행할 매일 점검표를 작성해 보세요.**

   (점검표에 오늘 배운 내용을 전달할 사람의 이름을 기록하고 한 주간 동안 전달해 보세요.)

2. **매일 100가지 감사를 선포하세요.**

3. **암송구절**

   시편 136편 2절

   신들 중에 뛰어난 하나님께 감사하라 그 인자하심이 영원함이로다

4. **함께 큰 소리로 3번씩 선포하세요.**

   "우리의 말은 기적을 만듭니다!"

5. **하나님의 도우심을 바라보며 통성으로 기도하세요.**

#1. 매일 점검 사항

요일	점검 사항	O, ×	이번 주 결단할 내용 기록하기
월	1. 오늘 성경은 몇 장을 읽으셨나요?		
	2. 오늘 말씀 묵상은 하셨나요?		
	3. 오늘 기도 생활은 하셨나요?		
	4. 보혈 기도문을 암송하셨나요?		
	5. 나의 선포를 외치셨나요?		
화	1. 오늘 성경은 몇 장을 읽으셨나요?		
	2. 오늘 말씀 묵상은 하셨나요?		
	3. 오늘 기도 생활은 하셨나요?		
	4. 보혈 기도문을 암송하셨나요?		
	5. 나의 선포를 외치셨나요?		
수	1. 오늘 성경은 몇 장을 읽으셨나요?		
	2. 오늘 말씀 묵상은 하셨나요?		
	3. 오늘 기도 생활은 하셨나요?		
	4. 보혈 기도문을 암송하셨나요?		
	5. 나의 선포를 외치셨나요?		
목	1. 오늘 성경은 몇 장을 읽으셨나요?		
	2. 오늘 말씀 묵상은 하셨나요?		
	3. 오늘 기도 생활은 하셨나요?		
	4. 보혈 기도문을 암송하셨나요?		
	5. 나의 선포를 외치셨나요?		
금	1. 오늘 성경은 몇 장을 읽으셨나요?		
	2. 오늘 말씀 묵상은 하셨나요?		
	3. 오늘 기도 생활은 하셨나요?		
	4. 보혈 기도문을 암송하셨나요?		
	5. 나의 선포를 외치셨나요?		
토	1. 오늘 성경은 몇 장을 읽으셨나요?		
	2. 오늘 말씀 묵상은 하셨나요?		
	3. 오늘 기도 생활은 하셨나요?		
	4. 보혈 기도문을 암송하셨나요?		
	5. 나의 선포를 외치셨나요?		
주일	1. 오늘 성경은 몇 장을 읽으셨나요?		
	2. 오늘 말씀 묵상은 하셨나요?		
	3. 오늘 기도 생활은 하셨나요?		
	4. 보혈 기도문을 암송하셨나요?		
	5. 나의 선포를 외치셨나요?		

#2. 매일 점검표

요일	언어를 들었을 때 주변 사람들의 반응	언어를 사용하였을 때 나의 느낌과 결과
월		
화		
수		
목		
금		
토		
주일		

#3. 매일 감사일기

요일	오늘 감사할 내용 3가지	먼저 감사할 2가지
월		
화		
수		
목		
금		
토		
주일		

10강 감사하는 말이 나의 몸에 미치는 영향력

아침에 일어나서 실수를 하거나 짜증나는 일이 생기면 하루 종일 기분이 좋지 않고 부정적인 일들이 더 생기는 듯한 경험을 해 본 적이 있을 것이다. 이것이 바로 동조 현상이다.

- 끼리끼리

- 아픈 곳을 바라보며 묵상하는 병원

- 청년들의 이상형

심장은 감정에 따라 다르게 뛴다. 화가 나고 짜증이 나며, 부정적인 감정 상태일 때는 심장도 들쭉날쭉 뛴다.

- 코르티솔의 반란

감사하는 말은, 나의 몸을 살리는 말이다. 건강을 위해서 좋은 약들을 챙겨 먹으며, 또 시간을 내서 운동도 한다. 그러나 내가 아무 생각 없이 뱉은 부정적인 한마디의 말이 나의 몸을 망친다.

- 소뇌의 기능

감사의 말과 감사의 마음을 가지면 모든 스트레스와 병을 이길 수 있다. 우리의 긍정적이며 감사하는 말은 우리 신체의 면역 체계를 강화시켜 준다.

- 찬양의 능력

- 치매 예방약

"범사에 우리 주 예수 그리스도의 (   )으로 항상 아버지 하나님께 (   )하며"(엡 5:20).

* 지난주 암송구절과 매일 점검표를 나누어 보세요.
* 100가지 감사를 나누고 전달해 보세요.

1. 지난 한 주 동안 매일 100가지 감사를 선포한 후 달라진 점에 대해 나누어 보세요.

2. 동조 현상의 경험들을 기록해 보세요.

   (1)

   (2)

   (3)

3. 감사의 말에 따라 반응하는 신체 변화

(1) 3분간 짜증, 분냄, 혈기 부리는 말

→ 스트레스 호르몬 분비 → (   ) 내 몸 파괴

(2) 15분간 짜증, 분냄, 혈기 부리는 말

→ 스트레스 호르몬 분비 → (   ) 내 몸 파괴

(3) 3분간 감사하는 말

→ 생명 호르몬 분비 → (   ) 내 몸 살림

(4) 15분간 감사하는 말

→ 생명 호르몬 분비 → (   ) 내 몸 살림

4. 셀프감사 (준비물: 거울)

(자신의 수고를 인정하며 감사하는 시간을 가져 보세요.)

(1) 감사 내용:

(2) 감사 내용:

(3) 감사 내용:

5. 신체 부위 중 아픈 곳이 있다면 그 부분에 대해 구체적으로 감사를 기록해 보세요.

- 어디를:

- 감사 내용:

6. 한 주간 동안 하루 100가지 감사 제목을 기록해 보세요.

7. 이번 강의에서 깨달은 점과 결단을 기록해 보세요.

1. **한 주간 실행할 매일 점검표를 작성해 보세요.**

   (점검표에 오늘 배운 내용을 전달할 사람의 이름을 기록하고 한 주간 동안 전달해 보세요.)

2. **암송구절**

   에베소서 5장 20절

   범사에 우리 주 예수 그리스도의 이름으로 항상 아버지 하나님께 감사하며

3. **함께 큰 소리로 3번씩 선포하세요.**

   "우리의 말은 기적을 만듭니다!"

4. **하나님의 도우심을 바라보며 통성으로 기도하세요.**

5. **『하하하 호호호』 독후감 발표**

#1. 매일 점검 사항

요일	점검 사항	○, ×	이번 주 결단할 내용 기록하기
월	1. 오늘 성경은 몇 장을 읽으셨나요?		
	2. 오늘 말씀 묵상은 하셨나요?		
	3. 오늘 기도 생활은 하셨나요?		
	4. 보혈 기도문을 암송하셨나요?		
	5. 나의 선포를 외치셨나요?		
화	1. 오늘 성경은 몇 장을 읽으셨나요?		
	2. 오늘 말씀 묵상은 하셨나요?		
	3. 오늘 기도 생활은 하셨나요?		
	4. 보혈 기도문을 암송하셨나요?		
	5. 나의 선포를 외치셨나요?		
수	1. 오늘 성경은 몇 장을 읽으셨나요?		
	2. 오늘 말씀 묵상은 하셨나요?		
	3. 오늘 기도 생활은 하셨나요?		
	4. 보혈 기도문을 암송하셨나요?		
	5. 나의 선포를 외치셨나요?		
목	1. 오늘 성경은 몇 장을 읽으셨나요?		
	2. 오늘 말씀 묵상은 하셨나요?		
	3. 오늘 기도 생활은 하셨나요?		
	4. 보혈 기도문을 암송하셨나요?		
	5. 나의 선포를 외치셨나요?		
금	1. 오늘 성경은 몇 장을 읽으셨나요?		
	2. 오늘 말씀 묵상은 하셨나요?		
	3. 오늘 기도 생활은 하셨나요?		
	4. 보혈 기도문을 암송하셨나요?		
	5. 나의 선포를 외치셨나요?		
토	1. 오늘 성경은 몇 장을 읽으셨나요?		
	2. 오늘 말씀 묵상은 하셨나요?		
	3. 오늘 기도 생활은 하셨나요?		
	4. 보혈 기도문을 암송하셨나요?		
	5. 나의 선포를 외치셨나요?		
주일	1. 오늘 성경은 몇 장을 읽으셨나요?		
	2. 오늘 말씀 묵상은 하셨나요?		
	3. 오늘 기도 생활은 하셨나요?		
	4. 보혈 기도문을 암송하셨나요?		
	5. 나의 선포를 외치셨나요?		

#2. 매일 점검표

요일	언어를 들었을 때 주변 사람들의 반응	언어를 사용하였을 때 나의 느낌과 결과
월		
화		
수		
목		
금		
토		
주일		

#3. 매일 감사일기

요일	오늘 감사할 내용 3가지	먼저 감사할 2가지
월		
화		
수		
목		
금		
토		
주일		

11강 먼저 감사하는 말의 기적

먼저 감사하는 말이란, 하나님의 기적을 이 땅 가운데 풀어놓는 말이다.

- 『하하하, 호호호』 출간

먼저 감사하는 말이란, 아직 이루어지지 않은 기도제목이나 소망하는 것들을, 눈에는 보이지 않고 막연하고 이루어질 가능성이 없어 보이지만 하나님께 소망을 두고 먼저 감사하는 것이다.

- 나의 신음소리까지도 응답하시는 하나님

- "아들이에요."

하나님께서는 눈에 보이는 것 없고 손에 잡히는 것 없고 귀에 들리는 것 없지만 먼저 감사하는 말로 말하는 우리의 말을 듣고 일하신다. 먼저 감사하는 말이란, 내 인생의 왕이신 하나님을 향한 전적인 신뢰의 말이다.

"그들에게 이르기를 여호와의 말씀에 내 삶을 두고 (   )하노라 너희 (   )이 내 (   )에 들린 대로 내가 너희에게 행하리니"(민 14:28).

나눔

1. 지난 한 주 동안 경험한 감사의 말의 기적들을 나누어 보세요.

2. 먼저 감사하는 말의 기능

　　(1) 먼저 감사하는 말이란, (　　　　　　　　　　　　) 말이다.

　　(2) 먼저 감사하는 말이란, (　　　　　　　　　　　　) 말이다.

　　(3) 먼저 감사하는 말이란, (　　　　　　　　　　　　) 말이다.

3. 먼저 감사를 기록해 보세요.

　　(1)

　　(2)

(3)

(4)

(5)

4. 이번 강의에서 깨달은 점과 결단을 기록해 보세요.

1. **한 주간 실행할 매일 점검표를 작성해 보세요.**

   (점검표에 오늘 배운 내용을 전달할 사람의 이름을 기록하고 한 주간 동안 전달해 보세요.)

2. **암송구절**

   히브리서 11장 1절

   믿음은 바라는 것들의 실상이요 보이지 않는 것들의 증거니

3. **함께 큰 소리로 3번씩 선포하세요.**

   "우리의 말은 기적을 만듭니다!"

4. **하나님의 도우심을 바라보며 통성으로 기도하세요.**

#1. 매일 점검 사항

요일	점검 사항	○, ×	이번 주 결단할 내용 기록하기
월	1. 오늘 성경은 몇 장을 읽으셨나요?		
	2. 오늘 말씀 묵상은 하셨나요?		
	3. 오늘 기도 생활은 하셨나요?		
	4. 보혈 기도문을 암송하셨나요?		
	5. 나의 선포를 외치셨나요?		
화	1. 오늘 성경은 몇 장을 읽으셨나요?		
	2. 오늘 말씀 묵상은 하셨나요?		
	3. 오늘 기도 생활은 하셨나요?		
	4. 보혈 기도문을 암송하셨나요?		
	5. 나의 선포를 외치셨나요?		
수	1. 오늘 성경은 몇 장을 읽으셨나요?		
	2. 오늘 말씀 묵상은 하셨나요?		
	3. 오늘 기도 생활은 하셨나요?		
	4. 보혈 기도문을 암송하셨나요?		
	5. 나의 선포를 외치셨나요?		
목	1. 오늘 성경은 몇 장을 읽으셨나요?		
	2. 오늘 말씀 묵상은 하셨나요?		
	3. 오늘 기도 생활은 하셨나요?		
	4. 보혈 기도문을 암송하셨나요?		
	5. 나의 선포를 외치셨나요?		
금	1. 오늘 성경은 몇 장을 읽으셨나요?		
	2. 오늘 말씀 묵상은 하셨나요?		
	3. 오늘 기도 생활은 하셨나요?		
	4. 보혈 기도문을 암송하셨나요?		
	5. 나의 선포를 외치셨나요?		
토	1. 오늘 성경은 몇 장을 읽으셨나요?		
	2. 오늘 말씀 묵상은 하셨나요?		
	3. 오늘 기도 생활은 하셨나요?		
	4. 보혈 기도문을 암송하셨나요?		
	5. 나의 선포를 외치셨나요?		
주일	1. 오늘 성경은 몇 장을 읽으셨나요?		
	2. 오늘 말씀 묵상은 하셨나요?		
	3. 오늘 기도 생활은 하셨나요?		
	4. 보혈 기도문을 암송하셨나요?		
	5. 나의 선포를 외치셨나요?		

#2. 매일 점검표

요일	언어를 들었을 때 주변 사람들의 반응	언어를 사용하였을 때 나의 느낌과 결과
월		
화		
수		
목		
금		
토		
주일		

#3. 매일 감사일기

요일	오늘 감사할 내용 3가지	먼저 감사할 2가지
월		
화		
수		
목		
금		
토		
주일		

12강 선포하는 말

선포하는 말이란, 사탄의 권세를 묶어버리는 말이다.

"나는 예수 안에서 행복하다."
"나는 예수 안에서 형통하다."
"나는 예수 안에서 건강하다."
"나는 예수 안에서 모든 저주와 올무가 끊어졌다."

두려움아! 물러가라!
"여호와는 나의 요새요 반석이요 나의 의뢰하는 하나님이시니 밤에 놀
램과 낮에 흐르는 살과 흑암 중에 행하는 염병과 백주에 황폐케 하는 파
멸이 나를 어떻게 하리요 천인이 나에게서 만인이 나에게서 넘어지고
엎어지고 깨어질지라도 이 재앙이 가까이 오지 못하리라!"(시 91:2-7).

우리는 우리 삶의 예언자다. 우리는 날마다 우리 자신을 향한 하나님의
계획을 선포해야 한다. 하나님의 축복이 임할 것을 기대함으로 날마다
선포해야 한다.

'선포하는 말'이란, 하나님의 자녀로서의 삶을 누리는 말이다.

- 건초염을 향한 선포기도

선포하는 말이란, 십자가의 승리를 선포하는 말이다.

"(   )을 집어올리며 무슨 (   )을 마실지라도 (   )를 받지 아니하며 (   ) 사람에게 손을 얹은즉 나으리라 하시더라"**(막 16:18).**

- 선포기도의 능력

문제가 일어나는 부정적인 환경을 바라보며 하나님의 능력을 선포한다.

- 무릎이 아픈 두 집사님

선포하는 말이란 하나님의 기적을 상식으로 만드는 말이다.

- "다래끼"

날마다 하나님의 자녀로서의 권리와 권세를 누리며 살아야 한다. 그 권리와 권세를 사탄에게 빼앗기지 말아야 한다.

- 보톡스 이마

- 실생활에서의 선포기도

기적이 상식이 되는 말

예수님께서 십자가에서 죽으시고 부활하심으로 우리에게 말의 권세를 회복시켜 주셨다. 선포기도의 능력을 주셨다.

"지금까지는 너희가 내 (   )으로 아무 것도 (   ) 아니하였으나 (   ) 그리하면 받으리니 너희 (   )이 충만하리라"(요 16:24).

선포하는 말이란 환경을 지배하는 말이다. 선포하는 말이란 잃어버렸던 하늘의 권세를 다시 되찾는 말이다. 선포하는 말이란 여호와의 빛을 발하는 말이다.

나눔

* 지난주 암송구절과 매일 점검표를 나누어 보세요.

1. 선포하는 말의 기능

(1) 선포하는 말이란, (   ) 말이다.

(2) 선포하는 말이란, (   ) 말이다.

(3) 선포하는 말이란, (   ) 말이다.

(4) 선포하는 말이란, (   ) 말이다.

(5) 선포하는 말이란, (   ) 말이다.

(6) 선포하는 말이란, (   ) 말이다.

(7) 선포하는 말이란, (   ) 말이다.

2. 내가 생각하는 선포하는 말이란, (   ) 말이다.

3. 선포하는 말을 해본 경험을 기록해 보세요.

4. 큰 소리로 3번씩 선포하세요!

- 나는 예수 안에서 건강하다!

- 나는 예수 안에서 행복하다!

- 나는 예수 안에서 형통하다!

- 나는 예수 안에서 모든 저주와 올무가 끊어졌다!

5. 선포기도문을 작성해 보세요.

(1)

(2)

(3)

6. 선포하는 말을 연습해 보세요.

(1) 예수 이름으로 명하노라!

(   )

(2) 예수 이름으로 명하노라!

(   )

(3) 예수 이름으로 명하노라!

(   )

7. 이번 강의에서 깨달은 점과 결단을 기록해 보세요.

1. **한 주간 실행할 매일 점검표를 작성해 보세요.**

    (점검표에 오늘 배운 내용을 전달할 사람의 이름을 기록하고 한 주간 동안 전달해 보세요.)

2. **암송구절**

    민수기 14장 28절

    그들에게 이르기를 여호와의 말씀에 내 삶을 두고 맹세하노라 너희 말이 내 귀에 들린 대로 내가 너희에게 행하리니

3. **함께 큰 소리로 3번씩 선포하세요.**

    "우리의 말은 기적을 만듭니다!"

#1. 매일 점검 사항

요일	점검 사항	○, ×	이번 주 결단할 내용 기록하기
월	1. 오늘 성경은 몇 장을 읽으셨나요?		
	2. 오늘 말씀 묵상은 하셨나요?		
	3. 오늘 기도 생활은 하셨나요?		
	4. 보혈 기도문을 암송하셨나요?		
	5. 나의 선포를 외치셨나요?		
화	1. 오늘 성경은 몇 장을 읽으셨나요?		
	2. 오늘 말씀 묵상은 하셨나요?		
	3. 오늘 기도 생활은 하셨나요?		
	4. 보혈 기도문을 암송하셨나요?		
	5. 나의 선포를 외치셨나요?		
수	1. 오늘 성경은 몇 장을 읽으셨나요?		
	2. 오늘 말씀 묵상은 하셨나요?		
	3. 오늘 기도 생활은 하셨나요?		
	4. 보혈 기도문을 암송하셨나요?		
	5. 나의 선포를 외치셨나요?		
목	1. 오늘 성경은 몇 장을 읽으셨나요?		
	2. 오늘 말씀 묵상은 하셨나요?		
	3. 오늘 기도 생활은 하셨나요?		
	4. 보혈 기도문을 암송하셨나요?		
	5. 나의 선포를 외치셨나요?		
금	1. 오늘 성경은 몇 장을 읽으셨나요?		
	2. 오늘 말씀 묵상은 하셨나요?		
	3. 오늘 기도 생활은 하셨나요?		
	4. 보혈 기도문을 암송하셨나요?		
	5. 나의 선포를 외치셨나요?		
토	1. 오늘 성경은 몇 장을 읽으셨나요?		
	2. 오늘 말씀 묵상은 하셨나요?		
	3. 오늘 기도 생활은 하셨나요?		
	4. 보혈 기도문을 암송하셨나요?		
	5. 나의 선포를 외치셨나요?		
주일	1. 오늘 성경은 몇 장을 읽으셨나요?		
	2. 오늘 말씀 묵상은 하셨나요?		
	3. 오늘 기도 생활은 하셨나요?		
	4. 보혈 기도문을 암송하셨나요?		
	5. 나의 선포를 외치셨나요?		

#2. 매일 점검표

요일	언어를 들었을 때 주변 사람들의 반응	언어를 사용하였을 때 나의 느낌과 결과
월		
화		
수		
목		
금		
토		
주일		

#3. 매일 감사일기

요일	오늘 감사할 내용 3가지	먼저 감사할 2가지
월		
화		
수		
목		
금		
토		
주일		

부록

1. 보혈 기도문

주님의 보혈로 저의 머리부터 발끝까지 덮어 주옵소서.

주님의 보혈로 저의 심령을 거룩하게 하옵소서.

이 시간에 성령님의 열매, 곧 사랑, 희락, 화평, 오래 참음, 자비, 양선, 충성, 온유, 절제로 내면의 옷을 입습니다.

구원의 투구, 의의 흉배, 진리의 허리띠, 복음의 신발을 신겨 주시고, 믿음의 방패와 성령님의 검을 들려 주셔서 모든 악한 영으로부터 저를 지켜 주옵소서.

이 시간 성령님의 초자연적인 은사, 곧 신유의 은사, 영 분별의 은사, 지식과 지혜의 말씀의 은사, 큰 믿음과, 능력 행함의 은사, 방언과, 통변과, 예언의 말씀으로 은혜를 부어 주옵소서.

주님의 보혈로 저와 저의 가족 ○○○○와 형제자매들과 일가친척, 성도들과 나와 관련된 모든 사람들을 보혈로 덮어 주옵소서.

천군천사로 지켜 주옵소서.

불 말과 불 마차로 진쳐 주시고,

두루 도는 화염검을 세워주셔서 모든 악한 영으로부터 지켜 주옵소서.

예수의 이름으로 명하노라.

공중권세 잡은 악한 영들은 어떤 경로로도 연결고리가 끊어졌고 아무런 지원도 할 수 없음을 선포하노라. 묶임 받고 예수 그리스도의 심판대 앞으로 가 심판받고 무저갱으로 떠나갈지어다.

예수의 이름으로 명하노라.

나는 하나님의 영광을 높이기 위해 존귀한 자리에 서게 될지어다.

나와 아내 ○○○와 자녀 ○○○는 영권, 물권, 인권이 강화될지어다.

계속해서 각자 개인 기도를 예수 이름으로 선포기도합니다.

2. 나의 선포

나는 하나님의 의다.

나는 하나님의 자녀이다.

나는 예수 안에서 건강하다.

나는 예수 안에서 형통하다.

나는 예수 안에서 행복하다.

나는 예수 안에서 모든 저주가 끊어졌다.

나는 예수 안에서 잘되고 있다.

이 책을 통하여 말이 바뀌어 인생이 변화되기를 원하시는 모든 분들에게도 기적이 상식이 되는 말들로 기적의 삶과 놀라운 일상이 계속 이어지시기를 바란다.

기적이 상식이 되는 말

초판 발행 2023년 5월 20일

지은이   이경미, 김성한
펴낸곳   도서출판 가이오
등록일   2020년 11월 16일
주소   경기도 수원시 팔달구 월드컵로 375 (우만동)
전화   031) 207-5550 03230
ISBN   979-11-974713-3-9
정가   8,000원